创客教育

小创客
机器人教程

（第一册）

袁明宏
陈俊红 主编

清华大学出版社
北 京

图书在版编目（CIP）数据

小创客机器人教程．第 1 册 / 袁明宏，陈俊红主编 .-- 北京：清华大学出版社，2015 （2017.9 重印）
（创客教育）
ISBN 978-7-302-41277-9

Ⅰ . ①小… Ⅱ . ①袁… ②陈… Ⅲ . ①机器人 – 制作 – 小学 – 教材 Ⅳ . ① G624.581
中国版本图书馆 CIP 数据核字（2015）第 194671 号

责任编辑：帅志清
封面设计：张京京
责任校对：袁　芳
责任印制：刘祎淼

出版发行：清华大学出版社
　　网　　址：http://www.tup.com.cn，http://www.wqbook.com
　　地　　址：北京清华大学学研大厦 A 座　　　　邮　　编：100084
　　社　总　机：010-62770175　　　　　　　　　邮　　购：010-62786544
　　投稿与读者服务：010-62776969，c-service@tup.tsinghua.edu.cn
　　质　量　反　馈：010-62772015，zhiliang@tup.tsinghua.edu.cn
印 装 者：北京亿浓世纪彩色印刷有限公司
经　　销：全国新华书店
开　　本：203mm×260mm　　　印　　张：8.5　　　字　　数：99 千字
版　　次：2015 年 8 月第 1 版　　　　　　　　　印　　次：2017 年 9 月第 2 次印刷
印　　数：3001～4000
定　　价：36.00 元

产品编号：066092-01

《创客教育》编委会

主　　编：郑剑春

副 主 编：吴俊杰　覃祖军　李梦军

委　　员：（以拼音为序）

陈　杰	程　晨	董　健	董莎莎	付志勇	傅　骞	高　山
管雪沨	李大维	李发利	李庆华	李晓东	李　雪	梁森山
梁志成	廖　巍	廖翊强	凌秋虹	刘玉田	罗　亮	毛澄洁
毛　勇	牟艳娜	秦建军	秦　健	秦　妍	邱信仁	沈金鑫
石李珊	时小明	宋述强	孙效华	王继华	王　科	王文精
王旭卿	王镇山	翁　恺	吴向东	向　金	肖广德	肖文鹏
谢　鹏	谢贤晓	谢作如	修金鹏	杨丰华	叶　琛	于方军
于欣龙	余　翀	袁明宏	曾吉弘	曾祥潘	张国庆	张惠惠
张　力	张立新	张　晟	张志铭	赵　凯	赵桐正	钟柏昌
朱华君	祝良友					

本 册 主 编：袁明宏　陈俊红

编写组成员：（以拼音为序）

胡正勇	黄华桥	蒋　刚	李贺泰来
尚传福	唐欢迎	王海鹏	郑小康

序(一)

人人创客　创为人人

　　少年强则国强。风靡全球的创客运动一开始就与教育有着千丝万缕的联系。这种联系主要产生在两个方面：一是像 3D 打印、智能机器、创意美食等融合了"高大上"的最新科技和普通人可以操作的、方便快捷的东西，本身就有很强的吸引力，很多孩子是被其吸引过来而不是被叫过来，这样自然意味着创客教育有很大的教育意义。二是创客教育对教育的更大挑战是，让孩子真正地面对真实社会。在自媒体的时代，信息传播的成本基本为零，任何一个人在任何一个年龄段都可以分享自己的创意，甚至这个创意还在雏形阶段，"未成形，先成名"。社交网络上的真诚点赞和可能带来的潜在商机，让投身创客学习模式的青少年在锻炼动手能力和创新思维的同时，找到了一个和社会直接对接的端口。

　　那么，一个好的创客应该具备什么样的品质呢？首先是"发现问题"，去发现自己和身边人的任何一个微小需求，哪怕它很"偏门"，比如一个用来检测紫外线强度是否过强的帽子。但是根据"长尾理论"，有了互联网，世界各地的朋友能够搜索到这种小众的发明，然后为其埋单。其次是"质感品位"，去做一个有设计思维的人，能够用设计师的方式去思考，当别人看到自己设计的东西时有一种"工匠精神"之感——确实花了很多心思去设计，真诚地为自己点赞。也可以在开始时就有自己的品牌特色，比如设计一个商标或者统一外部特征。物像人一样，我们可以察觉到它们的不同个性，好的设计像一个富有个性的人一样有它的特色。通过欣赏好的设计，并且去制造它，可以提高自己对质感的把握能力和对品位的理解能力，使自己的创客作品能够超越"粗糙发明"的状态，成为一个精致的造物。再次是要能够驾驭价值规律，可以从很多现成的套件入门，但是最终一定要能够驾驭原始材料，如基础控制板、电子元器件、木头、塑料、铝等，因为只有这样才能驾驭成本。几乎没有小饭馆会采用从大酒店订餐然后再卖给自己的顾客的做法，因为它们无法卖出大酒店的价格。同样，用现成套件搭建的作品也卖不出去，因为它的成本太高，只是一个很好的入门途径。通过一步步的学习，最终学会了驾驭原始材料，就能够实现物品的使用价值和成本之间的飞跃。就像我们用废旧物品制作一个机器人一样，它仿佛在对你说："谢谢你给予了我新的生命，原来我一文不值，现在却成为大家眼里的明星。"而这种价值提升的过程也是创客特别引以为傲的地方。最后就是"资源和限制"，知道自己擅长什么、不擅长什么，才能很好地寻找合作伙伴，所有的创新都在有限资源和无限想象力之间"妥协"。通过了解物和人的资源及限制，就可以驾驭自己无限的想象力了。你肯定会想："哦，我明白了，创客就是对于任何一个自己或者别人微小的需求都能够用有质感和品位的方式来满足，从中得到价值上的提升，并且能够组建团队创造性地解决问题的一群人。"那么我会回答："嗯……我也不太清楚，因为创客领域的所有答案都要你亲自动手去解决，你先去做，然后告诉我，我说得对不对？""那么，我要怎么做呢？"

《创客教育》系列丛书提供了充分选择的空间，里面琳琅满目的创客项目，总有一款会适合你。那么，亲爱的朋友，如果你现在能够对自己说，第一，我想学，而且如果一时找不到老师，我愿意自学；第二，我想去做一个快乐、自由的创造者，自己开心也能够帮助身边的人解决问题，那么你在思想上已经是一个很优秀的创客了。试想，一个"人人创客、创为人人"的社会应该是怎样的呢？我们认为一定是一个每个人都能够找到自己最愿意干的事，每个人都能够找到适合自己的项目"搭档"的世界。我们说得到底对不对呢？请大家动手，亲自验证吧！

丛书编委会

2015 年 6 月

序(二)

　　我是一名程序员，这一直是件令人感到骄傲的事情。记忆中是在小学三年级的某一天，我写下了我的第一行 BASIC 代码，而这只比人类写下的第一行计算机程序晚了不到 50 年。神奇的计算机程序就是这样迅速和深刻地改变了我和我们所生活的整个世界。

　　2010 年，在上海的一个沙龙活动中，我遇到了李大维，他正在筹备中国首家创客空间——"新车间"，很快我也就成了这家创客团体的首批会员。"新车间"当时还只被称为 hackerspace，聚集着一批热衷于自己动手把想法变成现实的"黑客"，他们用各自的业余时间来"新车间"一起"玩"。那时，呆头呆脑的虫虫机器人、炫酷的四轴飞行器、"最没有用的机器"、智能捕鼠器等一系列好玩有趣的创客作品相继出现。在这些创客作品的背后，其实都是 Arduino 的功劳。由于 Arduino 在开源硬件上的努力，使得原本深奥难懂的硬件开发变得简单。只要会使用 C 语言就可以成为硬件工程师。在越来越多的创客作品诞生的同时，也吸引着不同职业、不同领域、不同想法的大朋友、小朋友来到"新车间"实现他们的想法。

　　分享知识是创客们最乐于做的事情。我也曾指导很多人学习使用 Arduino。但是慢慢地发现，Arduino 虽然已经去掉了硬件的学习成本，然而编写 Arduino 程序时，C 语言仍然成为许多人跨不过去的坎。当时被问到最多的问题就是"为什么每一行程序结束要有分号？""为什么程序里有 #include，这有什么作用？"虽然我一遍又一遍地解释 C 语言语法，但爱好者们还是会遇到因为漏写分号而无法顺利地编译 Arduino 代码的情况。这就有了最初希望降低编程难度的想法。

2011 年暑假的两个月里，在李大维的支持和帮助下，我完成了第一版 ArduBlock 代码开发工作。2011 年 9 月，ArduBlock 的第一个版本正式发布。在之后不断完善与改进下，ArduBlock 逐渐被人们了解和接受。ArduBlock 现在已经可以支持 30 种语言，仅从官网下载的次数就超过好几十万。ArduBlock 成功地帮助人们克服了 Arduino 上编程代码语法的难关。今天，看到袁明宏老师编写的《小创客机器人教程》，书中用生动活泼的语言将使用 ArduBlock 制作 Arduino 机器人的过程娓娓道来。相信通过不断普及的创客教育，会有更多的孩子成为今天的小创客和未来的大发明家，推动社会的进步。这也同时激励我继续深入对开源硬件编程平台的研究。

袁明宏老师用他的学识、经验和心血编写了《小创客机器人教程》，相信其会引领更多青少年朋友探究身边科学，寻找创新想法，实现一个个生活中的小革新和小发明。世上无难事，只要心存创新意识，乐于学习创新技能，每个热爱生活的人都能成为一个了不起的创客，来共建人人创新的社会风尚。

何琪辰

2015 年 6 月

前言

随着信息技术的不断发展、教育教学改革的不断深入，智能机器人作为能够激发学生学习兴趣、培养学生综合能力的创新教育平台正在大踏步地走进基础教育。

本书是一本有关机器人制作和编程的启蒙教材，使用国际通用的智能平台Arduino。智能平台Arduino包括硬件Arduino主控板和软件Arduino IDE，软件Arduino IDE在本书中称为"Arduino编程软件"。在软件Arduino IDE的基础上，国内创客还二次开发了ArduBlock中文图形化软件，本书编程主要在ArduBlock下进行。

本书共分12课，主要涉及LED灯的使用、蜂鸣器的使用、触碰传感器的使用、声音传感器的使用、超声波传感器的使用和寻线传感器的使用等学习内容。

小学生尤其是四年级及以上的小学生，他们已经掌握一定的文化基础知识和学习能力，开始从被动的学习主体向主动的学习主体转变。本书特别注重这一时期学生的特点，以故事为载体，在情景中提出问题，激发学生们的好奇心和求知欲。通过引入"小创客"机器人老师来帮助学生们完成各种任务，从而使学习内容变得生动有趣、简单易学。在学生们设计出能完成任务的机器人后，"小创客"机器人老师通过让学生们制作个性化的机器人，来促使学生们自主学习和自主发现，这样的内容编排非常适合小学四年级及以上的学生学习。

本书由袁明宏、陈俊红主编，胡正勇、蒋刚、李贺泰来、唐欢迎、王海鹏、尚传福、黄华桥、郑小康等老师共同完成编写。

本书中涉及的全部源文件和软件可以到相关网站上下载，网址为：www.xckrobot.com。网站上机器人组装的结构和配套程序会及时更新，请多关注网站。

本书第 12 课用到的机器人跨栏规则在附录 A 中列出，读者可以按照规则制作赛道并与多人一起比赛；本书用到的程序积木在附录 B 中列出，读者可以在其中找到每一种积木并了解其功能；本书用到的电子积木、塑料积木分别在附录 C 和附录 D 中列出，使用前可以参考图片在机器人套件中找到相应的积木，并对照附录了解其名称。

由于国内关于 ArduBlock 可以参照的资源非常少，加之编者水平所限，书中难免存在疏漏和不足，恳请广大读者批评指正。

编　者

2015 年 4 月

目录

夏天的夜晚，萤火虫漫天飞舞，伴着闪闪的荧光，使闷热的夏夜变得格外美丽、有趣。

哥哥，要是萤火虫一直陪着我就好了。

L 第1课
Lesson one

可爱的萤火虫

小智真是一筹莫展，怎么办呢？机器人"小创客"看到了，告诉小智和小美有办法。小智和小美来到小创客旁边，开始制作萤火虫。

我有办法，我能做到，我能模拟萤火虫发光。

1. 机器人历史

小创客先向小智和小美介绍了机器人的历史。1959年开始有了机器人维利，经过几十年的不断改进，发展到现在的智能机器人。机器人能帮助人类做很多事情，但它绝不伤害人类。机器人的形状有很多，有人形机器人、车形机器人、动物形机器人等，功能更是五花八门，如图1-1所示。

蜜蜂形机器人　　　　　　　车形机器人　　　　　　人形机器人

图 1-1　各种外形的机器人

2. 启动 Arduino 编程软件

小创客开始指导小智和小美学习机器人制作，要让 LED 灯像萤火虫一样一闪一闪的。

双击桌面上的 arduino.exe 图标，启动 Arduino 程序，看到了 Arduino 的 IDE 界面，如图 1-2 所示。

图 1-2　启动 Arduino 程序

小创客教小智上传程序。单击第二排的第二个上传图标，如图1-3所示。

图1-3　单击上传图标

在编程软件的左下角就会依次显示"正在编译"→"上传"→"上传成功"，如图1-4所示。

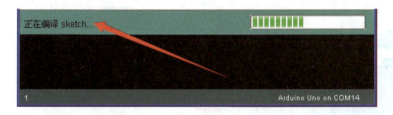

图1-4　上传程序进度显示

3. 启动 ArduBlock 软件

小智学习打开中文图形化编程软件ArduBlock。单击"工具"菜单，在下拉列表中选择ArduBlock命令，如图1-5所示。

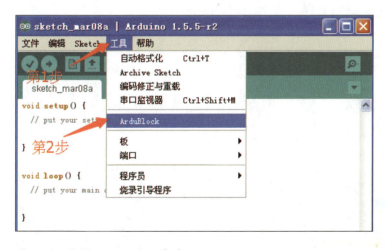

图1-5　选择 ArduBlock 命令

在弹出的界面中有三大部分：工具区（上）、积木区（左）和编程区（右），如图 1-6 所示。

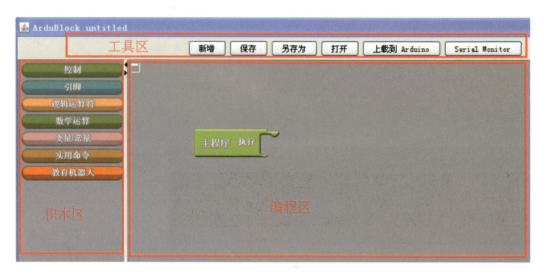

图 1-6　ArduBlock 的功能分区

4. 编写萤火虫程序

小智在左边积木区的 引脚 菜单中把 设定针脚数字值 积木块拖拽到右边编程区的 主程序 执行 处，如图 1-7 所示。

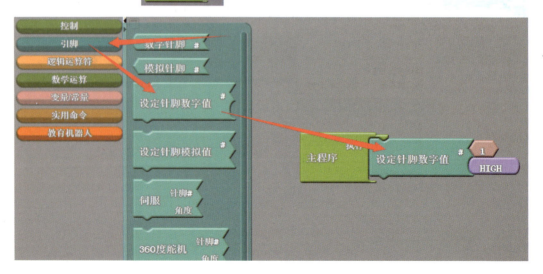

图 1-7　拖动积木的步骤

当两个积木块缺口对应上，就会发出"咔"的一声，表示对接成功。把数字1改为2，表示LED灯已接到D2数字端口，在HIGH的右边，从下三角箭头里选择"高（数字）"，如图1-8所示。

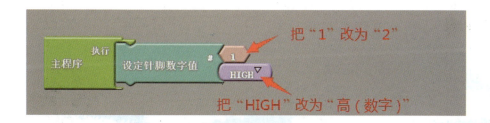

把"1"改为"2"

把"HIGH"改为"高（数字）"

图1-8　改动参数过程

"高（数字）"表示机器人输出高电平，让LED灯亮起来。

修改之后的程序如图1-9所示。

图1-9　改动后的程序

快上传，快上传到机器人里。

别急，这样灯会一直亮，还没有闪烁起来，我们要让灯亮一秒钟再熄灭一秒钟，就会一闪一闪的了。

那就再加一个让灯不亮的积木。

小创客让小智再加一个延迟 1000 毫秒的积木。

小智先在 [实用命令] 菜单中拖拽一个 [延迟 毫秒] 积木块出来，连接到"设定针脚数字值"积木块的下方，又听到"咔"的一声，连接成功。数字 1000 表示 1000 毫秒，就等于 1 秒钟，如图 1-10 所示。

图 1-10　增加等待时间后的程序

接着又从积木区的 [引脚] 菜单中把 [设定针脚数字值] 积木块拖拽到右边编程区，连接到"延迟 毫秒"积木块下边，听到"咔"的一声，连接成功。在 HIGH 的右边，从下三角箭头里选择"低（数字）"，如图 1-11 所示。

"低（数字）"表示机器人输出低电平，LED灯就不亮了。

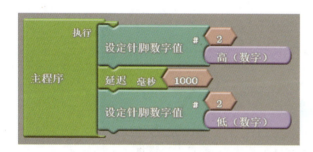

图 1-11　增加了灯灭的程序积木

再从积木区的　实用命令　菜单中拖拽一个　延迟 毫秒　积木块出来，连接到"设定针脚数字值"积木块的下方。又听到"咔"的一声，连接成功，终于把程序编好了。

小智单击工具区的"保存"按钮把程序保存起来，如图 1-12 所示。

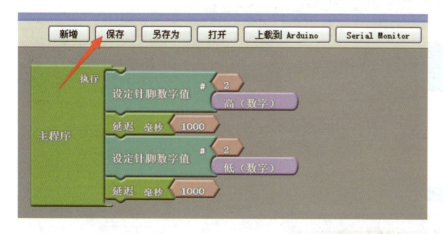

图 1-12　单击"保存"按钮

把程序取名为"萤火虫程序"，如图 1-13 所示。

图 1-13 保存程序的过程

然后单击工具区的 [上载到 Arduino] 按钮，将程序上传到机器人里。

在 IDE 环境下可看到"上传成功"，如图 1-14 所示。

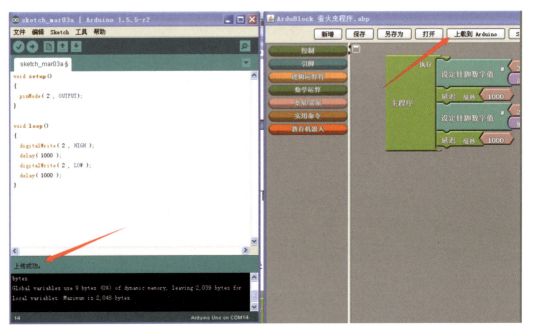

图 1-14 上传程序的过程

恭喜你们，机器人的大脑里已经有你们编好的程序啦！

保持 USB 线连接到计算机上，让 USB 线供电给机器人，把 LED 灯模块和机器人主控板的 D2 端口用通信线连接起来。

5. 组装萤火虫

小智在传感器包装袋里找到红色的电子积木，背后印着"LED 模块"字样，如图 1-15 所示。

再找一根扁的灰色的通信线，如图 1-16 所示。

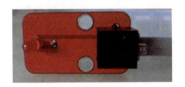

图 1-15 LED 模块

图 1-16 通信线

将通信线的水晶头一边连接 LED 灯模块，另一边连接到机器人主控板的 D2 端口，连接的时候听到"咔"声就表示连接成功了。

亮啦亮啦！亮啦亮啦！

小智观察了一会儿。

真的是像萤火虫一样一闪一闪的。

6. 创新更个性的萤火虫

我要其他颜色的萤火虫。

两个小朋友高兴地玩着"萤火虫"。小美央求地说："我还要其他颜色的萤火虫。"哥哥小智又找到另一个发绿光的 LED 灯模块换上去，果真变出来一只发绿光的"萤火虫"。

小智发现还可以改变延迟时间。改了时间后，萤火虫闪烁的快慢是不一样的，更有个性的萤火虫出现了。

你们还可以把萤火虫用塑料积木固定在小车上，以后让小车带着萤火虫到处跑。

小智和小美又开始找积木，用灰色的轴插进 LED 灯的孔和小车底板的孔里，上下都套上轴套，这样就固定好了。组装所需要的器材包括机器人车体、通信线1根、五格轴2根、LED模块1块、一号轴套4个，如图1-17所示。
组装完成之后的实物如图1-18所示。

今天我就教你们这么多，你们再试试同时让两只萤火虫发光，再试试用塑料积木和LED模块组装出萤火虫的模样。做好了再来找我，我们玩更有趣的游戏。

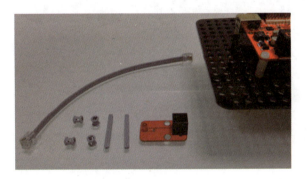

图1-17　器材

图1-18　组装完成后的实物

　　哥哥小智和妹妹小美上街，街上车水马龙，人来人往，非常热闹。他们在十字路口看到警察叔叔正在指挥着交通，让繁华拥挤的街道变得有序。

哥哥，警察叔叔好辛苦，要是在这路口有机器人来指挥就好啦！

就是啊！机器人在这里指挥交通也不会知道辛苦。

交通机器人

一路上，小智和小美边走边讨论机器人，准备回家让小创客制作一个交通机器人。

交通灯就是一个简易的交通机器人，你们想学的话我就来教你们吧！你们想一想要用到传感器袋子里的什么零件来做交通灯？

要用到灯。

用红色和绿色的 LED 灯模块。

两位小朋友真聪明，今天我们就用红色和绿色的 LED 灯来做交通灯。

小创客开始指导两个小朋友做一个交通机器人。

把红色的 LED 灯模块用通信线连接到主控板 D2 端口，把绿色的 LED 灯模块连接到 D9 端口。

1. 编写交通灯程序

开始编写交通灯的程序。打开 Arduino，单击"工具"菜单，选择 ArduBlock 命令，进入 ArduBlock 中文编程环境。操作过程如图 2-1 所示。

让红灯亮、绿灯不亮。小智在积木区的 ▊引脚▊ 菜单中拖拽两个 ▊设定针脚数字值▊ 积木块出来，放到主程序积木块右侧连接起来。把其中一个端口号修改为 2，数字值改为"高（数字）"；另一个改为 9 和"低（数字）"，如图 2-2 所示。

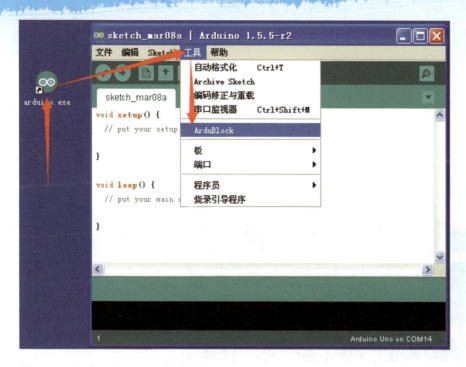

图 2-1 启动 ArduBlock 的步骤

图 2-2 红灯亮、绿灯不亮的程序

小智接着在积木区的 实用命令 菜单中拖拽一个 延迟 毫秒 积木块到编程区，连接到控制绿灯的积木块下方，把 1000 改为 3000，表示把 1 秒改为 3 秒。

小智正准备再拖出来 3 个积木块，控制红灯不亮、绿灯亮，小创客阻止了，希望小智用"克隆"功能。

小智在控制红灯亮的积木块上右击，弹出了"添加评论"和"克隆"两个命令，选择"克隆"命令，如图 2-3 所示。

对于重复用到的积
木块，可以克隆出来一
模一样的。就是把复制
和粘贴功能加到一起。

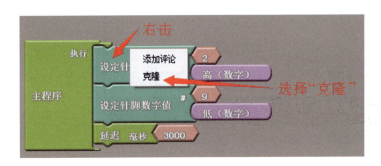

图 2-3　克隆积木块的操作

　　在编程区的左上角就多了 3 个一模一样的积木块。拖动克隆出来的第一
个积木块，其他两个积木块跟着移动起来，把它们拖到"延迟 毫秒"积木
块的下方连接起来，如图 2-4 所示。

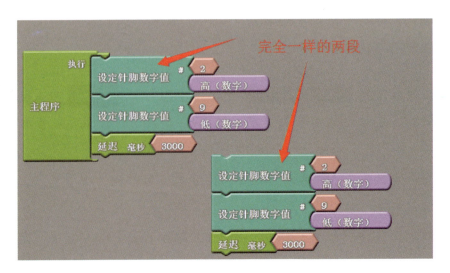

图 2-4　克隆出相同内容的积木

小智把第二个控制红灯的数字值改为"低（数字）"，把第二个控制绿灯的数字值改为"高（数字）"。

当我们有很多程序的时候，每个程序都应该加上评论，下次再打开的时候，一看评论就知道这是个什么功能的程序。

小智又在主程序积木块上右击，添加评论："交通机器人程序，红色LED 灯模块接 D2，绿色 LED 灯模块接 D9。"，如图 2-5 所示。

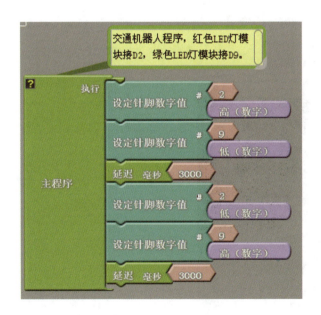

图 2-5　给程序加评论

小智单击 保存 按钮保存程序，接着用 USB 数据线把机器人和计算机连接起来。

然后单击 上载到 Arduino 按钮，在 IDE 窗口内看到"上传成功"字样。

2. 组装交通灯

大家一起观察两个 LED 灯的发光，真是红灯和绿灯交替亮了。

想一想，怎样把它们组装成交通灯的形状？

小智和小美又开始动手找塑料积木，组装出来后再固定到机器人小车的底板上。组装所需要的器材包括机器人车体、LED 灯模块 2 个、通信线 2 根、九格梁 1 根、两格魔术销 8 个、直角连接件 2 个，如图 2-6 所示。组装完成的实物如图 2-7 所示。小智和小美满足地欣赏自己制作的交通机器人。

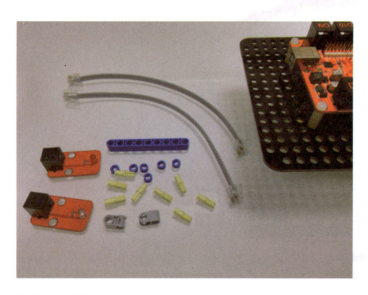

图 2-6　器材

图 2-7　组装完成后的实物

3. 改进交通灯程序

妹妹小美非常善于观察，突然想到了……想到了绿灯会闪烁。

路口的红绿灯跟这个不一样，它的绿灯变红灯的时候，要闪烁三次。

有办法，上次我们已经编过了让灯闪烁的程序。我加 3 个让灯亮 0.2 秒再熄灭 0.2 秒的积木块。

小智的方法是可以的，但如果要求闪烁 100 次，就要加 100 个相同的积木块。这里还有更简便的方法。

小创客指导小智操作，从积木区的  菜单下把

 积木块拖出来，连接到最后一个积木块上。把"次数"5 改为 3，

表示重复 3 次。在重复区内添加一组绿灯亮 200 毫秒、熄灭 200 毫秒的积木块，如图 2-8 所示。

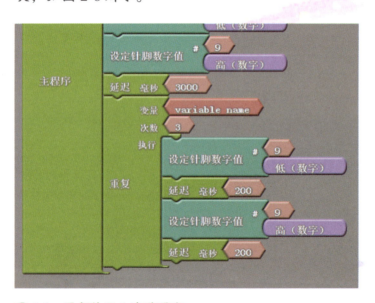

图 2-8　重复执行 3 次的程序

程序编写完成，上传给机器人。

两个小朋友又观察交通灯的变化情况。小美看到作品成功了，非常高兴。

小创客，我刚才编程时多拖了一个积木块出来，怎样才能删除它呢？

把多余的积木块拖到积木区，松开鼠标后它就会自动消失。

　　小智又试着把多余的积木块拖到积木区，删除多余的积木块，如图 2-9 所示。

图 2-9　删除多余的积木块

今天你们表现得不错，试试修改程序，再把红绿灯组装得更漂亮些，让它变成非常实用的交通机器人。

天大亮了，小美还在甜甜地睡着。

负责任的小闹钟

小美从睡梦中醒来，发现已经很迟了，就开始责怪起妈妈。

啊呀，天都这么亮啦，妈妈为什么不早点叫醒我？我今天还要去找小朋友玩呢！

你自己可以把闹钟的时间调好啊，怎么能怪别人呢？

小智说得对，小朋友们应该自己的事情自己先作安排，不能去怪别人。今天我就给你们介绍怎样做闹钟。

小创客开始指导两位小朋友做小闹钟。需要用到一个"蜂鸣器"模块，因为蜂鸣器可以发出声音，也可以发出不同音调的声音，还能演奏出乐曲。

1. 编写小闹钟程序

进入 ArduBlock 中文图形化编程环境。操作过程如图 2-1 所示。

在积木区的  菜单下拖拽第一个 积木块到主程序内，针脚号"8"表示接 D8 端口，频率"440"表示以 440 赫兹的频率发声，如图 3-1 所示。

图 3-1　让蜂鸣器发声的程序

人听到的声音范围是 20 赫兹至 20000 赫兹，所以这里的数值应该在 20~20000，否则人就听不到。数值越大，声音越尖锐；数值越小，声音越低沉。

小智到积木区的 实用命令 菜单下拖拽一个 延迟 毫秒 积木块出来连

接上，再到积木区的 引脚 菜单下拖拽一个 无音 针脚# 积木块出

来连接到下方，然后再加一个延迟 1000 毫秒的积木块，如图 3-2 所示。

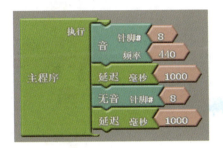

图 3-2　小闹钟程序

整个程序的功能就是：让 D8 端口的蜂鸣器以 440 赫兹的频率发声，响 1 秒钟停 1 秒钟。

小智单击 保存 按钮保存程序。

2. 组装小闹钟

从红色的电子积木中把"蜂鸣器"模块找出来，如图 3-3 所示。

图 3-3　"蜂鸣器"模块

把蜂鸣器和机器人的 D8 端口用通信线连接起来。接着用 USB 数据线把机器人和计算机连接起来。然后单击 上载到 Arduino 按钮,在 IDE 窗口内看到"上传完成"字样。

蜂鸣器按程序响了起来,果真像闹钟的叫声。

哥哥,哥哥,刚才小创客说可以把频率值调大一点儿,我们试试!

3. 改进小闹钟

小智把频率值改为 1500 赫兹,重新上传到机器人。蜂鸣器立即发出非常尖锐的声音,小美马上把耳朵捂住,感觉声音太刺耳。小智反复调节数值,最后找到一个可以把人吵醒又不太刺耳的频率。

小智和小美把蜂鸣器组装到机器人主体上。组装所需的配件包括机器人主体、通信线 1 根、蜂鸣器 1 个、一号轴套 4 个、五格轴 2 个,如图 3-4 所示。组装完成后的实物如图 3-5 所示。

图 3-4　器材

图 3-5 组装完成后的实物

你们今天表现非常好，反复调试，终于找到了满意的声音。你们再琢磨琢磨，看能不能用塑料积木组装成有个性的闹钟的模样。

　　爸爸、妈妈和小智陪小美去医院打预防针，看到有很多小朋友在等候，都哭着不要打针，打针太痛啦！

怕痛的机器人

小美勇敢地让护士阿姨扎针，当针扎进小胳膊里时，小美还是忍不住"哇"地哭了出来。

小美在大家的安慰下回到了家。

小创客看到眼泪汪汪的小美，就走过来安慰她。

小美不哭，机器人也会怕疼的，今天教你做一个怕痛的机器人吧！

小美听说又要学做机器人，高兴了起来，擦了擦眼泪。

好吧，我要看看机器人痛了是怎样的。

机器人痛了不会流眼泪，但会哭出来的。想一想，如果让机器人发出声音，要用到什么模块？

我知道，我知道，要用到蜂鸣器。

小创客向小智和小美介绍了"触碰传感器"。

对的，用蜂鸣器发出声音，我们今天还要用触碰传感器来感受机器人有没有被碰到。我们把触碰传感器按下去，机器人就发出声音，表示把机器人按痛了，机器人就哭了出来。

还是小智来操作计算机，编程序。打开中文图形化的编程软件ArduBlock，操作过程如图 2-1 所示。

1. 查看触碰传感器的值

从积木区的  菜单中拖拽一个 设置数字变量 积木块到编程区，放到"主程序"右侧。

变量就好比一个口袋，可以任意给它放水果、糖果、书本等。你给它放进去什么，下次拿出来的就是什么。

小智把"数值"后面的HIGH积木块拖到积木区，删除这个积木块。再从积木区的 引脚 菜单中拖拽一个 数字针脚 # 积木块出来，替换数值HIGH。修改针脚号为9，"变量"名为peng，如图4-1所示。

图4-1　变量赋值的程序

这个程序积木块的意思表示把触碰传感器接到D9数字端口，把按下触碰传感器与没有按下触碰传感器两种情况的值给变量名peng。要查看变量里的值是什么，可以用串口监视器来显示。

小智先从积木区的  菜单中拖拽一个 串口打印加回车 积木块出来，再从积木区的 实用命令 菜单中拖拽一个 和数字量结合 积木块，连接在后面的缺口上，"克隆"一个变量 peng 出来（见图 4-2），连接到后面缺口，如图 4-3 所示。

图 4-2　克隆积木块

图 4-3　串口监视器显示变量的程序

连接 USB 线，把程序上传到机器人，单击 上载到 Arduino 按钮，在 IDE 窗口内看到"上传完成"字样。

条件判断"如果/否则"积木块，表示如果满足条件就做一件事；否则就做另外一件事。例如，如果天气晴朗，我们就出去玩；否则，就待在家里。

保持 USB 线连接到计算机上，单击串口监视器 `Serial Monitor` 按钮，屏幕上就可以显示出变量的值，如图 4-4 所示。

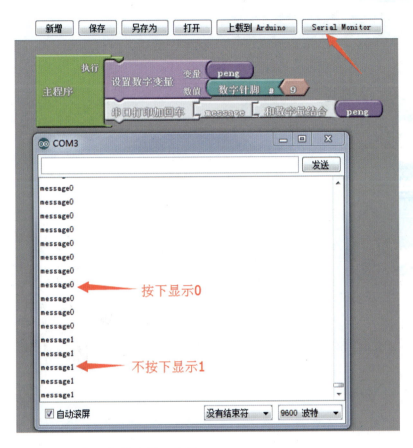

图 4-4　用串口监视器显示变量

2. 编写怕痛机器人程序

小智从积木区的 控制 菜单中拖拽一个  积木块出来连接上，把变量 peng 放在"条件满足"后面的缺口上，在"执行"主体内放置 积木块，在"否则执行"的主体内放一个 积木块，把针脚号都改为 3，如图 4-5 所示。

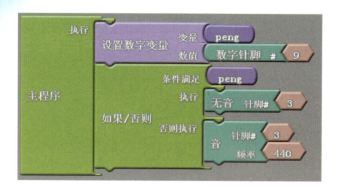

图 4-5　怕痛机器人程序

整个程序的意思是机器人判断触碰传感器有没有被按下。如果触碰传感器没有被按下，变量值是1，表示条件满足，执行不发声命令；否则，执行蜂鸣器发声命令，模拟人被按痛了就哭的声音。

小智单击 保存 按钮保存程序。

3. 组装怕痛的机器人

把触碰传感器连接到D9端口，把蜂鸣器连接到D3端口。组装所需的器材包括机器人主体、通信线2根、九格梁1根、两格魔术销4个、一号轴套4个、小导轮4个、触碰传感器1个、蜂鸣器1个，如图4-6所示。组装完成的实物如图4-7所示。

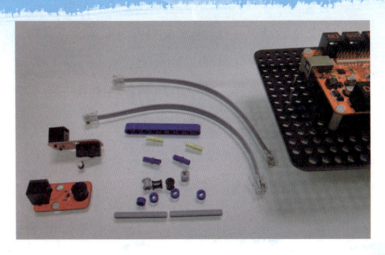

图 4-6 器材

图 4-7 组装完成的实物

再连接 USB 线，最后单击 [上载到 Arduino] 按钮，在 IDE 窗口内看到"上传完成"字样。

小美按下触碰传感器，机器人就发声；放开触碰传感器，机器人就不发声。

4. 改进怕痛的机器人

　　小美听到机器人发出的声音，总感觉不好听，不清脆，像个小男生的声音。小美想了想，要是能把这个声音变清脆些多好啊。她要求哥哥小智改变一下声音。

好玩，好玩！这个像小男生的声音，可不可以变成小女生的声音？

可以啊！小创客教过我们，把频率值调大一点儿，声音就会尖一点，就像小女生了。

　　小智又把频率值改为 960 赫兹，重新上传程序，果然听起来声音更尖，更像小女生的声音了。

结合我们前面用过的 LED 灯模块，有没有办法做一个抢答灯程序，按下触碰传感器，灯就亮，放开触碰传感器，灯就不亮。你们再看看能不能用塑料积木和触碰传感器组装成一只手的样子，按住这只手机器人就哭。

小智和小美又把塑料积木拿出来，组装一只大手臂，还组装拳头，好看极了。把触碰传感器安装到手臂上，小美一按触碰传感器，机器人就发出叫声，像被按哭了一样。

接着，小智、小美又开始制作抢答灯。他们商量，如果触碰传感器被按下，LED 灯就亮；如果触碰传感器没有被按下，LED 灯就不亮。

　　小美和小智在路上看到一位盲人大叔手里拿一根杆，一边用杆探路一边小心地走，很是吃力，特别是过马路更加危险。

导盲机器人

小智和小美非常同情他，想让机器人小创客帮忙。

小创客，机器人是人类的好朋友，机器人能帮助盲人吗？

当然可以，机器人就是来帮助人类，为人类服务的。我可以教你们做一个导盲机器人，为盲人带路。

真是太好啦！小创客，快教我们做导盲机器人吧！

好的，我们要让机器人模拟人的触觉功能，能感受有没有碰到障碍，想一想，可以用什么传感器？

触碰传感器，碰到了障碍，机器人就会知道。

小创客竖起大拇指表扬了小美，开始指导两位小朋友做导盲机器人。

1. 编写导盲机器人程序

还是由小智来操作，打开 ArduBlock 编程软件。操作过程如图 2-1 所示。

小智在积木区的 控制 菜单中拖拽一个  积木块出来，在"条件满足"后的缺口放一个 数字针脚 # 积木块，针脚号改为 2，如图 5-1 所示。

图 5-1 "如果／否则"积木块的使用

在积木区的 教育机器人 菜单中拖拽一个 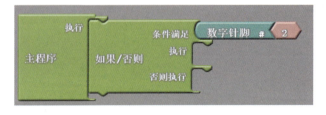 积木块出来，

放到条件积木块的"执行"程序体内，把数值都改成120，如图5-2所示。

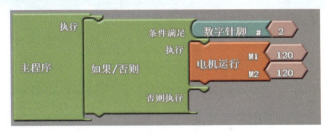

图 5-2 在"如果 / 否则"的"执行"中增加积木块

再拖拽一个 积木块出来，放到"否则执行"的程序体内，把数值都改为 –120，下面加一个 延迟 毫秒 积木块，把时间改为500，如图 5-3 所示。

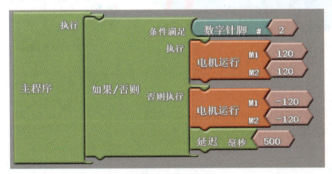

图 5-3 在"如果 / 否则"的"否则执行"中增加积木块

再加一个 电机运行 积木块，把右边电机M1的值改为120，把左边电机M2的值改为0，加一个 延迟 毫秒 积木块，如图5-4所示。

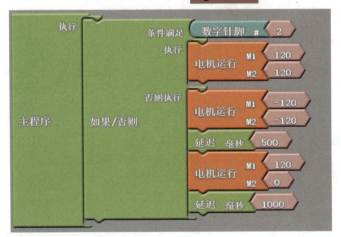

图 5-4 完整的程序

程序编写完成后，小创客又讲解了这段程序的作用。

这段程序的意思是机器人用触碰传感器感受有没有碰到障碍物。如果没有碰到，条件满足，就执行两个电机都按 120 的数值前进命令。电机最大值为 255，表示前进最快；数值为 –255，表示后退最快。如果碰到了障碍物，条件不满足，就"否则执行"，机器人后退 500 毫秒，再只让右边电机转动，左边电机不转动，机器人向左打转 1 秒钟。快上传程序测试吧！

小智单击 保存 按钮保存程序。

2.组装和测试导盲机器人

再用 USB 数据线把机器人和计算机连接起来，最后把程序上传到机器人，等待机器人动起来。小智和小美一起动手组装导盲机器人，组装所需的器材包括机器人主体、通信线 1 根、触碰传感器 1 个、小导轮 4 个、两格魔术销 2 个、两格轴 2 个、三通连接件 2 个，如图 5-5 所示。组装出来的实物如图 5-6 所示。

图 5-5 器材

图 5-6 基本功能组装实物

　　小智和小美发现机器人没有动起来，不知道是怎么回事，也不知道该怎么办。

　　机器人的电机要用电池才能驱动。先把电池拿来安装好，再把触碰传感器连接到 D2 端口。还要打开电源开关，看到电源线旁边的滑动开关没有？滑到 ON 就表示打开电源了。

小美找到机器人控制器上的电源开关，如图 5-7 所示。她把开关从 OFF 滑到 ON，机器人的轮子一下子就转动起来，把他们吓了一跳。小智拿着机器人，看着两个电机转动。

图 5-7　主控板的电源开关

怎么两个电机一直在向前跑呢？

哦，原来是没有碰到障碍物。小美按了一下触碰传感器，电机立即就向后转，然后右边轮子转动而左边轮子不转动，程序测试成功了。

现在你们就把触碰传感器固定在前方，让机器人在前进时，障碍物能非常容易地碰到传感器。

3. 改进导盲机器人

小智和小美一起动手把触碰传感器安装到正前方，把机器人放到地面进行测试。有时触碰传感器先碰到墙壁，有时机器人的两边底板先碰到墙壁，没有达到想要的效果。

想一想，怎样把接触面扩大一点儿，这样触碰传感器前面的小轮子就不容易每次都先碰到障碍物。

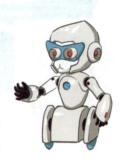

小智和小美想到了用塑料积木增大接触面，积木碰到了障碍物就能传递到触碰传感器。

两兄妹又开始组装起来，成功在向他们招手。

最后两兄妹终于组装完成，如图5-8所示。

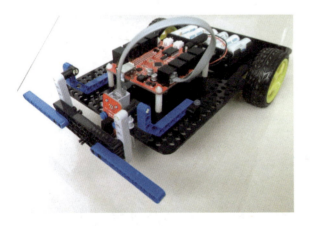

图 5-8　拓展组装后的实物

小美晚上回家，楼道里有声控灯，一拍手，灯就亮了。

L 第6课
esson six

声 控 灯

我们学校楼道里的灯一直都亮着，多浪费电啊！小创客，能教我做声控灯吗？我要改造学校的楼道灯，节约用电。

小美想节约用电的想法很好，小创客当然要支持。今天，我就教你们做声控灯。

小创客又介绍说，声控灯就是让机器人知道有声音，然后把灯打开，用声音传感器（见图6-1）来模拟机器人的耳朵听声音。

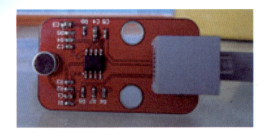

图 6-1　声音传感器

Ⅰ.测试声音传感器

打开 ArduBlock 中文图形化编程软件，操作过程如图 2-1 所示。

从积木区的　　　变量/常量　　　菜单中拖拽一个　　　给模拟显赋值 变量 数值　　　积木块出来，把"变量"名改为 song。把"数值"后面的 0 积木块拖到积木区，删除这个积木块。再从　　　引脚　　　菜单中拖拽一个　　　模拟针脚 #　　　积木块出来，替换"数值"，表示机器人在 A1 模拟端口接收声音值，并把声音值放到"变量"song 中，如图 6-2 所示。

图 6-2　接收声音传感器的值

再拖一个　　　串口打印加回车　　　积木块出来，后面缺口加　　　和模拟显结合　　　积木块，结合变量 song。"克隆"一个 song 积木块出来，如图 6-3 所示。

图 6-3　克隆积木块

从 实用命令 菜单中拖拽一个 延迟 毫秒 积木块出来，延迟200毫秒，让监视器上显示的数值不要更新得太快，如图6-4所示。

图 6-4　显示声音传感器值的程序

小智单击 上载到 Arduino 按钮把程序上传到机器人。

单击串口监视器 Serial Monitor 按钮，屏幕上就可以显示出变量的值，如图6-5所示。

图 6-5　从串口监视器看声音传感器的值

小美一拍手，屏幕上的值就变大，可以变到100多呢。

2. 编写声控灯程序

小创客说："我们看到没有声音时，数值为 0，声音越大数值就越大。我们设定一个值 50，当声音大于 50 时表示有声音，在声控灯中就打开 LED 灯。"

小智在小创客的指导下接着编写程序。他从  菜单中拖拽一个  积木块，再从积木区的 逻辑运算符 菜单中拖拽一个比较功能的  积木块，第一个缺口内放变量 song，第二个缺口内放数值 50。（这个 50 积木块是克隆"模拟针脚"后面的 1 积木块，把 1 改为 50。）

在"执行"程序体内放置 设定针脚数字值 积木块输出高电平，针脚号改为 2。再放一个 延迟 毫秒 积木块让灯亮 2 秒钟。

在 如果 条件满足 执行 积木块的下方，放置 设定针脚数字值 积木块输出低电平，让灯不亮，针脚号改为 2，如图 6-6 所示。

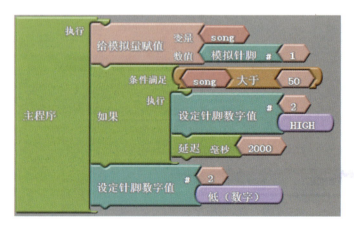

图 6-6 声控灯程序

程序编写完毕，小智单击 [保存] 按钮保存程序。

3. 组装声控灯

把"声音传感器"连接到 A1 端口，把 LED 灯模块连接到 D2 端口，把声控灯完全组装起来。组装所需的器材包括机器人主体、通信线2根、一号轴套6个、五格轴2根、三格轴2根、小导轮2个、LED 灯模块1个、声音传感器1个，如图6-7所示。组装出来的实物如图6-8所示。

图 6-7　器材

图 6-8　组装完成后的实物

用 USB 数据线把机器人和计算机连接起来。

单击 上载到 Arduino 按钮上传程序。

小美一拍手灯就亮，2 秒钟后灯就熄灭；再拍手，灯再亮 2 秒钟后熄灭。

4. 改进声控灯

成功啦！成功啦！我要去改造楼道灯，我要给学校节约用电。

延迟两秒钟太短了，人还没有走完楼道，灯就灭了，你们再改一改延迟时间。可以用塑料积木组装成一个楼道的样子，把灯安装到楼道顶部，看起来就更逼真、更漂亮了。

　　晚上，小智和小美一家人看电视，新闻里在播报某小区住户被偷了，小偷从窗户进入，把许多值钱的东西偷走了。

第7课
Lesson seven

超声波报警器

小偷太可恶了！小创客，有没有办法防小偷，小偷进屋就报警，让大家都去抓小偷？

当然可以啦，今天我就教你们做超声波报警器。把超声波传感器当机器人眼睛，看到小偷来了就发警报声，让大家来抓小偷。

　　小创客向小智和小美介绍说，超声波传感器（见图7-1）就是能发射和接收超声波的装置，一个单元发射超声波，另一个单元接收超声波，根据发射到接收的时间，自动计算机前方反射面的距离。

图 7-1　超声波传感器

1. 测试超声波传感器

小创客让小智先测试超声波传感器，看看传感器返回什么样的值。

小智打开 ArduBlock 编程软件，操作过程如图 2-1 所示。

小智从积木区的 【变量/常量】 菜单中拖拽一个 【给模拟量赋值 变量/数值】 积木块出来放到主程序的程序体内，把"变量"名改为 juli，从 【引脚】 菜单中拖拽一个 【超声波 trigger # / echo #】 积木块出来，替换"数值"后面的积木块，把发射单元 trigger 的针脚号改为 11，把接收单元 echo 的针脚号改为 12，如图 7-2 所示。

图 7-2　把超声波传感器的值放到变量 juli 里

小创客："这部分程序的意思就是把超声波传感器测出的距离放到变量 juli 里。距离在变，变量 juli 的值也会变。"

小智再拖拽一个 【串口打印加回车】 积木块，后面 【和模拟量结合】 积木块结合模拟量 juli，再放一个 【延迟 毫秒】 积木块延迟 200 毫秒，如图 7-3 所示。

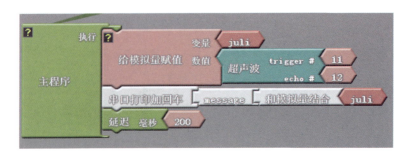

图 7-3　显示超声波传感器值的程序

小智单击 【保存】 按钮保存程序。

小智先把超声波传感器连接到机器人主控板的超声波专用接口上。

单击 上载到Arduino 按钮上传程序。

单击串口监视器 Serial Monitor 按钮，在屏幕上观察数值变化。

把超声波传感器对着地面，传感器离地面越近，距离值就越小，如图 7-4 所示。

图 7-4　从串口监视器上看超声波传感器返回的值

这个距离值的单位是厘米，屏幕上显示 23 就表示超声波传感器离地面 23 厘米。

2. 编写报警器程序

小智和小美测出窗户的宽度是 175 厘米。

小创客说："好啦，我们开始做报警器，要用到发尖叫声的模块，你们想想，用什么模块？"

小美说："这个我知道，用蜂鸣器就可以了。"

小创客说："不错，小美学了就会用。我们就用蜂鸣器模块。"

小智开始在计算机上编程，他从  菜单中拖拽一个 积木块出来。再从积木区的 逻辑运算符 菜单中拖拽一个 积木块出来，第一个缺口内放 juli，从 变量/常量 菜单中拖一个 1 出来放到第二个缺口上，把这个常量（固定）值改为 20，表示距离小于 20 厘米就满足条件。

在"执行"的程序体内放控制蜂鸣器发声的 积木块，针脚号改为 2，频率改为 1500，把蜂鸣器接到 D2 端口，发出尖叫声。在"否则执行"的程序体内放一个 积木块，针脚号也要改为对应的 2，如图 7-5 所示。

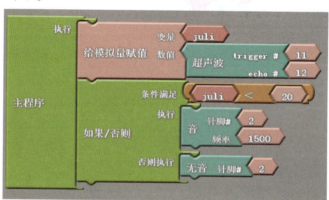

图 7-5　报警程序

3. 制作报警器

小智把蜂鸣器传感器接到 D2 端口，再把报警器组装好，组装所需的器材包括：机器人主体、通信线 2 根、一号轴套 6 个、五格轴 2 根、三格轴 2 根、小导轮 2 个、超声波传感器 1 个、蜂鸣器 1 个，如图 7-6 所示。组装出来的实物如图7-7所示。重新上传程序，小智把手靠近超声波传感器，果然发出了非常尖锐的声音，小美赶紧把耳朵捂住，说道："可以啦，报警器成功啦！"

想一想，要把超声波报警器放在窗户上防小偷，应该把距离值设置为小于多少才合适？然后想办法把报警器固定在窗户边上。我等你们的杰作哦。

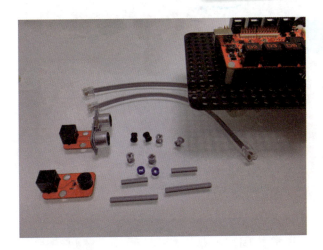

图 7-6 器材

图 7-7 组装完成后的实物

学校召开运动会啦！运动场面非常热闹。

独眼机器人

小智 100 米赛跑得了第二名，非常高兴。小美跳绳比赛得了第三名，也非常高兴。

小美一向点子多、想法多，又开始和哥哥小智讨论了起来。

哥哥，哥哥，你说机器人和你比赛，哪个跑得快？

机器人肯定不行，它能在弯的赛道里跑吗？它肯定会跑出去吧。

机器人有眼睛，能认识赛道的，所以可以跟你们比赛。今天做能沿着赛道的某一条线跑的机器人。只给机器人安装一只眼睛，名字就叫独眼机器人吧。我们用寻线传感器来当机器人的眼睛。

寻线传感器怎么能当机器人的眼睛呢？我看不出来像眼睛呀。

超声波传感器更像眼睛，这个寻线传感器看起来是不像眼睛。其实你们仔细看，寻线传感器的核心元件同样有两个单元——两个像小灯泡一样的玻璃球，其中一个颜色浅的发射一种我们看不见的红外光；另一个颜色深的接收红外光，发射出的红外光被反射回来，接收红外光的单元就感受反射回来的光线。今天，我们就用这个寻线传感器来认识黑色的赛道线。

白色的物体反光效果好，寻线传感器接收到的光就多；黑色物体反光效果不好，寻线传感器接收到的光就少。

1. 观察寻线传感器的值

小智开始编程序，启动 ArduBlock 编程软件，操作过程如图 2-1 所示。先测试寻线传感器（见图 8-1），看看寻线传感器怎样认识黑线。

先从 变量/常量 菜单中拖拽一个 设置数字变量 积木块出来，再从 引脚 菜单中拖拽一个 数字针脚 # 积木块替代"数值"后面的积木块，并把寻线传感器连接到数字端口 D8，再拖一个 串口打印加回车 积木块出来连接上，并且加 和数字量结合 积木块，并把数字变量加到后面的缺口上。克隆一个变量出来结合到后面缺口上，如图 8-2 所示。

图 8-1 寻线传感器

图 8-2　显示寻线传感器值的程序

小智单击 ![上载到 Arduino] 按钮上传程序到机器人，再单击"串口监视器"，观察从寻线传感器上返回的值。

小创客说："电脑桌是白色的，你们在电脑桌上贴一条黑色的电工胶布，这样测试寻线传感器在黑色和白色上的区别。寻线传感器离桌面 2 厘米左右的高度是最好的。寻线传感器上有一个指示灯，在白色上这个灯不亮，在黑色上这个灯要亮。"从串口监视器上看到的寻线传感器的值如图 8-3 所示。

图 8-3　从串口监视器上看寻线传感器的值

小智找来黑色的电工胶布贴在桌子上，手拿着寻线传感器，离桌子 2 厘米左右，在白色桌面上指示灯不亮，然后放到黑色胶布上指示灯就亮了。同时观察计算机屏幕显示的内容，看到寻线传感器在白色上返回值是 1，在黑色上返回值是 0。测试传感器成功。

2.编写独眼传感器的程序

小创客指导着小智接着编写独眼机器人程序，拖拽一个

积木块出来，在"条件满足"程序体内换上 数字针脚 # 。

左边是黑线，机器人眼睛到了右边的白色上，条件满足，我们就让眼睛向左边黑色方向靠近，让右边轮子转动快一点，左边轮子转动慢一点，机器人就向左转弯去靠近黑色。如果机器人眼睛到了黑色上方，就"否则执行"向右转弯去靠近白色，这样机器人就能沿着黑线前进了。

小智知道了机器人前进的道理，在"执行"程序体内加上 电机运行 M1 M2 积木块，右边电机速度调到最快255，左边电机调到120；在"否则执行"程序体内加上 电机运行 M1 M2 积木块，右边电机速度调到120，左边电机速度调到最高255，如图8-4所示。

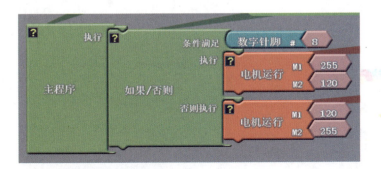

图8-4 独眼机器人程序

3. 制作独眼机器人

　　小智重新上传程序到机器人。桌子上没有完整的跑道呀，怎么办呢？小创客指导，客厅里的地砖是白色的，可以在地砖上贴一圈黑色的电工胶布当赛道，再把寻线传感器固定在机器人的前方，并且距离地面2厘米左右。

好玩！好玩！机器人一扭一扭地跑，太搞笑了！呵呵呵。

你们再修改一下机器人的速度，看能不能让机器人跑得再快一点儿？另外，再把机器人组装成看起来更像一个人的样子。我等待你们的好作品哦！

　　两兄妹开始贴赛道，又动手安装固定寻线传感器，组装出来的机器人如图 8-5 所示。打开电源，在赛道上测试机器人，机器人果然沿着黑色的电工胶布左扭右扭地跑了起来。

图 8-5　组装完成后的实物

　　小美和家人外出游玩，爸爸开车，一家人玩得太开心啦！细心的小美发现，汽车倒车时有"嘀嘀嘀"的声音。这个声音有时叫得快，有时叫得慢。

L 第9课
esson nine

超声波避障机器人

小美问爸爸是怎么回事。爸爸告诉小美："这是倒车雷达，提示汽车后面有东西挡着，离得远就叫得慢，离得近就叫得快。"

小美明白了，原来汽车后面有眼睛，提示开车的人不要去碰到后面的东西。聪明的小美突然想到，以前我们做了一个导盲机器人，这个机器人要碰到物体才作出反应，我们能不能用超声波来做导盲机器人呢？她把这个问题与小创客交流。

小美的想法很好，不仅想改造导盲机器人，还想到了用什么方法去改造。今天，我们就一起来改造导盲机器人。我们给这个机器人取名为超声波避障机器人。

1.编写超声波避障机器人程序

小智开始编程序，启动 ArduBlock 编程软件，操作过程如图 2-1 所示。

从积木区的 **变量/常量** 菜单中拖拽一个 **给模拟量赋值 变量 数值** 积木块出来，把"变量"名改为 juli，从积木区 **引脚** 菜单中拖拽一个 **超声波 trigger # echo #** 积木块出来，替换模拟量的数值，把超声波的发射 trigger 针脚改为 11，把接收 echo 针脚改为 12。

从积木区的 **控制** 菜单中拖拽一个 **如果/否则 条件满足 执行 否则执行** 积木块出来，从 **逻辑运算符** 菜单中拖拽一个 **大于** 积木块出来，连接到"条件满足"后面的缺口上，把 juli 积木块放在积木块的第一个缺口内，在 **变量/常量** 菜单中拖拽一个 **1** 积木块出来，放在第二个缺口内，把这个常量（固定值）改为 25。

小智从"教育机器人"菜单中拖拽一个 **电机运行 M1 M2** 积木块出来，放到"执行"程序体内，把两个电机的速度都改为 120，让机器人前进。拖一个 **电机运行 M1 M2** 积木块出来，放到"否则执行"程序体内，把速度都改为 −120，后面放 **延迟 毫秒** 积木块，延迟 500 毫秒；再拖一个 **电机运行 M1 M2** 积木块出来，把电机 M1 的速度改为 120，电机 M2 的速度改为 −120，M1 正转同时 M2 反转，这样机器人转向的速度更快；后面放 **延迟 毫秒** 积木块，延迟 500 毫秒，如图 9-1 所示。

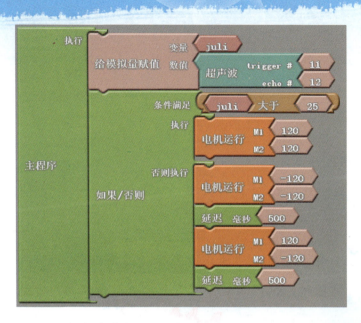

图 9-1　超声波避障机器人程序

2. 制作超声波避障机器人

　　小智再把程序上传到机器人，拔掉 USB 数据线，先把超声波传感器连接到机器人，并把超声波传感器固定在机器人的前方，组装完成后如图 9-2 所示，再安装好电池。

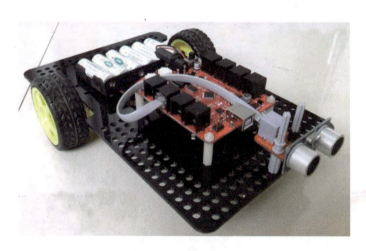

图 9-2　组装完成的超声波避障机器人

成功了！成功了！我也能设计新的机器人了。

小智把机器人放到地上，把主板上的机器人电源开关滑到 ON，机器人立即就向前跑了起来。要碰到墙时，机器人就停了下来，并后退转向，重新跑了起来。

3. 与机器人玩耍

小美跑过去用脚挡在机器人的前方，机器人就立即停下来重新转向再跑，小美与机器人欢乐地玩了起来。

你们再增加机器人的功能，距离大的时候绿灯亮，距离小的时候就红灯亮。现在的机器人看起来太单薄，有时机器人也会碰到细小的障碍物，你们把机器人组装得更高大些，更经得起碰撞。

　　小智小美开始认真地讨论起来，前方没有障碍物时，超声波传感器检测出来的距离大，机器人就亮绿灯，表示很安全，机器人就前进。如果前方有障碍物，超声波传感器检测出来的距离小，机器人就亮红灯，表示危险，机器人就后退并转向。要实现红灯、绿灯的亮和灭，在第2课就已经学过，让机器人的数字端口输出高电平和低电平就可以了。

　　小智开始在原来的程序里加上控制红灯、绿灯的积木（见图9-3），与小美一起测试机器人。

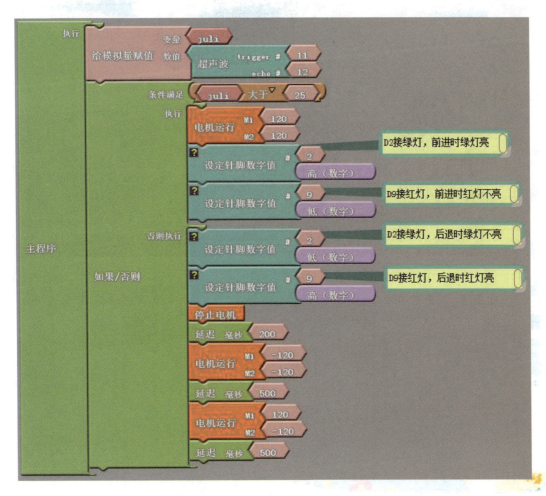

图9-3　改进后的超声波避障机器人程序

小智和小美一家人一起听音乐会。

电 子 琴

歌星在各种乐器的伴奏下载歌载舞，一家人看得非常高兴。小美看着伴奏席，想着要是自己有一台电子琴多好啊！

今天我就教你们做一台电子琴，没事的时候可以弹一弹。我们用什么传感器做按键呢？

我知道，用触碰传感器。按下触碰传感器，机器人就发出声音。

1. 编写电子琴程序

还是由小智来操作计算机编程序。打开 ArduBlock 编程软件，操作过程如图 2-1 所示。

从积木区的 变量/常量 菜单中拖拽 3 个 设置数字变量 积木块出来，把"变量"名分别改为 P1、P2、P3，把"数值"后面分别用 数字针脚 # 积木块代替，把针脚号分别改为 2、3、9，如图 10-1 所示。

图 10-1　定义 3 个按键的程序

从 控制 菜单中拖拽 如果 条件满足 执行 积木块出来，从 逻辑运算符 菜单中拖拽 == 积木块出来，放在"条件满足"缺口内，在"＝＝"积木块的第一个缺口内放变量 P1，第二个缺口内放"低（数字）"；在"执行"程序体内放 音 针脚# 频率 积木块，针脚号为 8，频率改为 294（中音 Do）；在第一个"如果"积木块上右击，从弹出的快捷菜单中选择"克隆"命令，从左上角把克隆出的积木块拖下来连接上，把"变量"名改为 P2，频率改为 330（中音 Re）；再克隆一个积木块，把"变量"名改为 P3，频率改为 350（中音 Mi）；最后加一个 无音 针脚# 积木块，如图 10-2 所示。

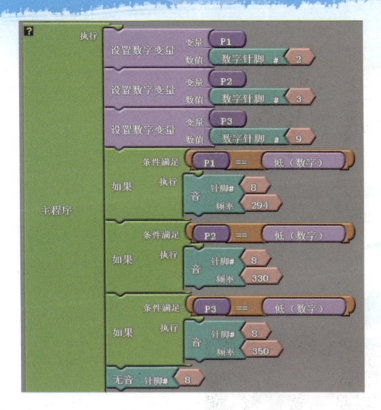

图10-2　3个键的电子琴程序

己.组装电子琴

　　小智找来3个触碰传感器，用通信线把它们连接起来，分别接到D2、D3、D9端口，再将3个触碰传感器用塑料积木固定成一排。把蜂鸣器连接到D8端口。组装所需的器材包括：机器人主体、通信线4根、一号轴套6个、小导轮4个、两格魔术销6个、三格轴2根、十一格梁1根、触碰传感器3个、蜂鸣器1个，如图10-3所示。组装完成后的实物如图10-4所示。连接USB数据线，上传程序。小美迫不及待地试了起来，从蜂鸣器中果然能弹出Do、Re、Mi音符。音调与音符对照表见图10-5。

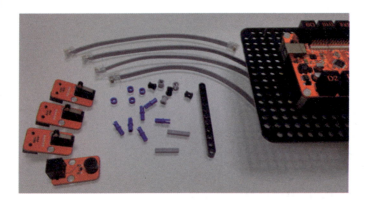

图 10-3　器材

图 10-4　组装完成后的实物

像电子琴,能弹出音乐了。可是按键太少了,小创客老师,下次你多找些琴键来,让我多练习弹琴。

　　我教了你们制作电子琴的方法，要增加琴键，需要你们自己想办法。今天，我们要按下琴键才能弹出音乐，你们想一下，有没有办法不按下琴键也能弹出音乐？再用塑料积木组装成一架有创意的电子琴，试试！

音符＼音调	1	2	3	4	5	6	7
A	221	248	278	294	330	371	416
B	248	278	294	330	371	416	467
C	131	147	165	175	196	221	248
D	147	165	175	196	221	248	278
E	165	175	196	221	248	278	312
F	175	196	221	234	262	294	330
G	196	221	234	262	294	330	371

音符＼音调	1	2	3	4	5	6	7
A	441	495	556	589	661	742	833
B	495	556	624	661	742	833	935
C	262	294	330	350	393	441	495
D	294	330	350	393	441	495	556
E	330	350	393	441	495	556	624
F	350	393	441	495	556	624	661
G	393	441	495	556	624	661	742

音符＼音调	1	2	3	4	5	6	7
A	882	990	1112	1178	1322	1484	1665
B	990	1112	1178	1322	1484	1665	1869
C	525	589	661	700	786	882	990
D	589	661	700	786	882	990	1112
E	661	700	786	882	990	1112	1248
F	700	786	882	935	1049	1178	1322
G	786	882	990	1049	1178	1322	1484

图 10-5　音调音符与频率对应表

　　小美和家人一起看奥运会平衡木比赛。爸爸说："我们国家的体操运动员们从小就刻苦训练，在国际上拿了很多大奖，为我们国家争了光。你们在学习和生活上也要能吃苦，更重要的是多动手动脑，勇于创新，长大了也要为国争光。"小美看完比赛，想到机器人小创客，与小智一起又来找小创客玩。

耶！耶！耶！
我们国家的平衡木
比赛又是冠军！

防跌落机器人

I. 讨论制作机器人的方案

平衡木运动员可以在平衡木上不掉下来，机器人也可以在桌子上跑动而不会掉下来。

真的吗？太神奇了！机器人是怎么做到的呢？

机器人不是有眼睛吗？机器人可以用眼睛看有没有跑出桌子，你们想一下，用什么来当机器人的眼睛？

用超声波传感器，机器人在桌子上，超声波传感器和桌子之间的距离小；离开桌子，距离值就会变大，当机器人检测到距离值很大时，就知道跑出桌子了，马上就退回去，再转个方向跑动。

我知道，可以用触碰传感器来实现，在桌子上时，触碰传感器被按下；当离开桌子时，触碰传感器会被松开，机器人就知道出界了。

你们仔细观察一下，桌子是白色的，反光好，还可以用什么来当机器人的眼睛？

用寻线传感器，寻线传感器能认出白色物体。

今天，我们先来组装机器人，我们用寻线传感器来探测桌子边界，就要把寻线传感器放外边一点，要做到寻线传感器出界了而机器人主体不出界。

2.组装防跌落机器人

　　小智和小美开始组装机器人。他们把组装的寻线传感器向前伸出了许多，也比机器人宽了很多，如图11-1所示。

图 11-1　防跌落机器人实物

3. 编写防跌落机器人程序

小智启动 ArduBlock 编程软件，操作过程如图 2-1 所示。

从 变量/常量 菜单中拖拽两个 设置数字变量 积木块出来，分别

设置左边眼睛的"变量"为 D2zuo，"数值"后面放一个 数字针脚 # 积

木块，对应针脚号为 2；设置右边眼睛的变量为 D9you，"数值"后面放一

个 数字针脚 # 积木块，对应针脚号为 9，如图 11-2 所示。

图 11-2　给左、右眼睛设置变量及数值

我们想象一下
自己是机器人，当
我们检测到左边已
经出界了怎么办？

退回去一点
儿，向右边走。

小智从 控制 菜单中拖拽一个  积木块

出来，克隆一个D2zuo数字变量积木块，放到"条件满足"缺口上，先在"否则执行"程序体内实现机器人后退并向右转弯的程序，程序如图11-3所示。

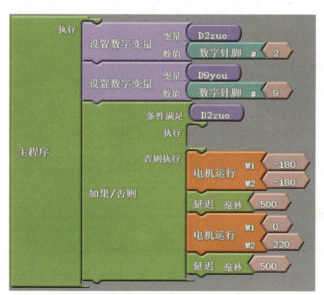

图 11-3　左边出界的处理程序

在"执行"的程序体内放一个  条件判断积木块，克隆一个D9you数字变量积木块，放到"条件满足"缺口上，在"否则执行"程序体内实现机器人后退并向左转弯的程序，在"执行"程序体内加上机器人前进的程序。程序如图11-4所示。

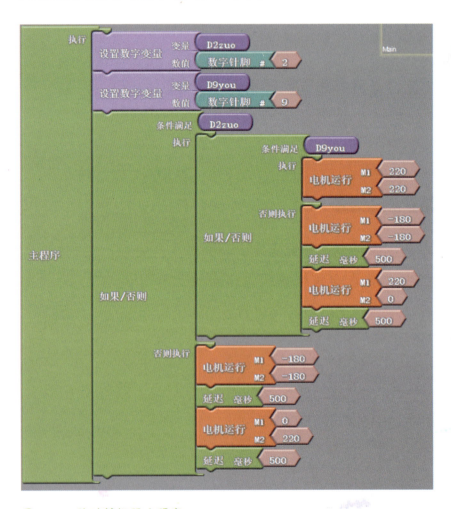

图 11-4　防跌落机器人程序

小智连接USB数据线,把程序上传到机器人里。在白色的大饭桌上测试,看到机器人的寻线传感器刚离开桌子,机器人就要停下来,好像试探了一下,然后又迅速地退回去、转弯,一副憨态可掬的样子。

耶！一次测试成功，机器人看起来太可爱了。

今天你们表现得非常好，能够灵活运用所学的知识，你们要继续发掘机器人传感器模块的应用场所，发明更多功能的机器人。你们也和往常一样，自己修改程序，看看机器人的表现，再用塑料积木把机器人组装得更可爱一些。

小智和家人一起看奥运会跨栏比赛。

跨栏机器人

小美又想到了机器人与人一起参加跨栏比赛是非常有趣的。

机器人能参加跨栏比赛吗？能比人跑得快吗？

机器人当然可以完成跨栏比赛，但机器人和人比赛谁跑得快不一定，因为机器人的速度是可以改变的。

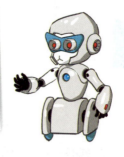

小创客还跟小智、小美说，车形机器人没办法和人一样跨过很高的栏架，只要改变一下栏架的形状，把栏架改成一个小斜坡，机器人从小斜坡上冲过去就当作跨栏，机器人就能表演跨栏了。

1.组装跨栏机器人

小智的爸爸按小创客的要求（赛道要求见附录 A），去定做了一个赛道回来，大家都要看机器人表演跨栏。

小创客指导小智按"防跌落机器人"的样子组装好机器人（见图 11-1），再引导他编程去实现。

跨栏比赛就是一直向前冲，机器人在赛道中间跑，当左边眼睛压在黑线上，就向右转一点；当右边眼睛压着了黑线，就向左转一点；当到黑色的小斜坡栏架上，就冲过去。

我知道怎么编程了，就是两只眼睛不断地检测。如果两只眼睛都在白色的赛道上，机器人就向前冲。

2.编写跨栏机器人程序

小智启动 ArduBlock 编程软件，操作过程如图 2-1 所示。

把左、右两只眼睛的状态放入数字变量，从 变量/常量 菜单中

拖拽两个 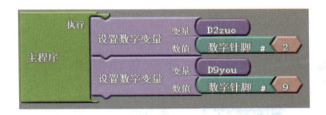 积木块出来，分别设置左边眼睛的变量为D2zuo，对应针脚号为2；设置右边眼睛的变量为D9you，对应针脚号为9，如图12-1所示。

图 12-1 设置左、右眼变量

　　小创客还给小智讲编程序时应该注意的事项：先判断左边眼睛在什么颜色上方，如果左边眼睛在白色上方，同时判断右边眼睛在什么颜色上方，如果两只眼睛都在白色上方，表示在赛道中间，机器人就沿直线前进；如果左边眼睛在白色上方而右边眼睛在黑色上方，表示机器人要冲出右边赛道，就向左转；如果左边眼睛在黑色上方而右边眼睛在白色上方，表示机器人要冲出左边赛道，就向右转；如果两只眼睛都在黑色上方，表示机器人正在栏架上方，就直线冲过去。

明白了，我用条件判断的积木块去控制机器人。

　　小智从积木区的  菜单中拖拽一个 积木块出来，把左边眼睛的变量D2zuo放到"条件满足"的缺口上，在"执行"

的程序体内再放一个 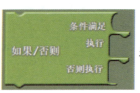 积木块，把右边眼睛的变量 D9you 放到"条件满足"的缺口上。此时第二个"如果/否则"执行体内的程序表示两只眼睛都在白色上方，机器人沿直线跑，所以让两个电机都正向转动。

小智拖一个 电机运行 积木块出来，把两个电机的速度都设置成150，用中等速度来跑。他在"否则执行"的程序体内也放一个 电机运行 积木块，把右边电机的速度设置为200，把左边电机的速度设置为0，不转动，如图12-2所示，这样机器人就可以迅速地转到赛道中间来了。

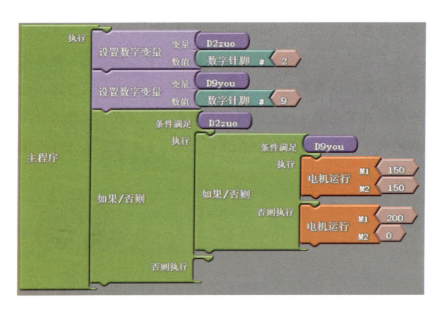

图 12-2　左眼在白色赛道上的程序

小智直接克隆第二个"如果/否则"积木块，放到第一个"如果/否则"积木块的"否则执行"程序体内；把第三个"如果/否则"的"执行"程序体内的电机速度M1改为0，M2改为200，把"否则执行"的电机速度都改成150，如图12-3所示。

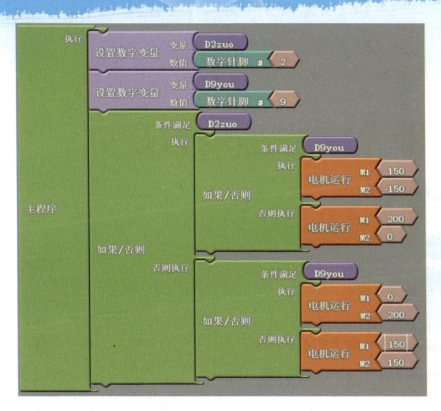

图 12-3 跨栏机器人程序

　　小智连接 USB 线，上传程序，把机器人放到赛道中间，打开电源，机器人就欢乐地跑了起来。

真好玩！机器人还可以参加跨栏比赛？

你们再想想办法，能让机器人跑得更快吗？

附录A
Appendix A

机器人跨栏赛项目规则

I. 项目说明

该项目为机器人运动会项目之一，由一个自主运行的机器人在3分钟内完成4米两栏的跨栏项目。

2. 比赛场地

（1）场地示意图。机器人跨栏如图A-1所示的阴影部分。

（2）比赛场地规格与要求。

① 比赛跑道为一张长600厘米、宽300厘米的白色喷绘图纸，跑道由起点线、竞速区、跨栏区和终点线组成。

② 跨栏区大小均为30厘米×12厘米×2厘米，起点线和终点线宽度均为2厘米，跨栏区内安放的栏架颜色为黑色。

③ 比赛现场环境要求

机器人跨栏赛为室内竞赛项目，对赛场的要求一般为冷光源、低照度。无磁场干扰，但也不排除有外部的各种干扰。建议各参赛队要做好防干扰的各种准备，按规定做好热身及环境因素的测定。

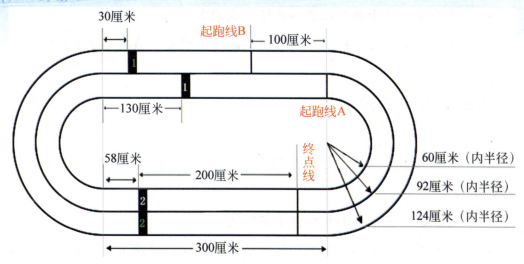

跑道黑色边沿线宽2厘米　跑道宽度30厘米（不含边沿线）

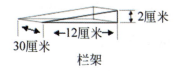

栏架

图A-1　机器人跨栏图示

3.任务要求

（1）机器人在起始区或交接区摆放的位置，其身体的任何一部分不得超过起始边线。

（2）机器人身体的任何一部分到达终点线即为全部任务结束。

（3）参赛机器人必须由参赛队员自行搭建和调试，领队、教练员不得在场外指导。

（4）竞赛过程中参赛队员可以控制机器人的启动，机器人启动后，应让其自动运行完成规定任务，参赛队员不得再进行干预。

（5）竞赛将采用大循环、3个回合的比赛方式进行，第一回合比赛前，熟悉场地、调整程序、调整结构等准备时间为30分钟；第二、第三回合比赛前的调整程序、调整结构等准备时间为10分钟。

（6）竞赛采用3个回合取最好成绩方式确定比赛最终排名。

（7）竞赛期间，凡是规则中没有说明的事项由竞赛裁判委员会决定。

4. 机器人设计与器材要求

（1）机器人最大尺寸（包括可伸展部分），长30厘米、宽30厘米，高不限。

（2）对机器人器件种类和数量不做限制。

（3）各参赛队应对参赛机器人进行个性化设计，机身上要有明显的本队标志。

（4）各代表队须自备竞赛所需的机器人套装器材，并带齐常用工具、电源接线板、转换插头等。如各代表队有手提电脑推荐自带。

5. 评分细则

总成绩：$F = (S + K + B) - T$

S：启动得分。机器人采用声音启动得20分；未采用声音启动本分数为0分。

K：跨栏得分。机器人每跨过一个栏，加10分。

B：基本任务分，该分数为60分。基本分只有在所有机器人顺利完成对应任务后才能获得；否则本分数为0分。

T：机器人完成任务的时间（秒），时间精确到0.01秒。

6. 项目判罚说明

（1）机器人的初始放置。机器人机身的任何一部分不得超越起始区边沿线。

（2）机器人的启动。机器人可以采用声音启动和其他方式启动。采用非声音启动方式，启动得分计为 0 分。

（3）机器人启动后，选手不能进行任何手动干预机器人的行为，违者判罚任务失败，本轮成绩为 0 分。

（4）机器人运行过程中，其竖直投影不能超越跑道边沿线 3 秒钟以上；否则视为比赛终止。

（5）比赛完成。机器人顺利完成所有任务后，其身体的任何一部分冲过终点线，计时结束，比赛完成。

（6）每队选手有 3 轮比赛机会，一轮完成后再进行下一轮比赛。取其中最好一次成绩为比赛的最终成绩。

（7）比赛终止的其他情况。机器人在裁判员发出开始指令后，超过 10 秒没有启动；机器人无法回到场地再继续比赛；机器人运行时间超过 3 分钟；机器人主动轮同时脱离跑道边沿线；裁判员认为比赛无法继续进行的其他情况。

A附录B
Appendix B

"ArduBlock教育版"使用帮助

"ArduBlock 教育版"是在 Arduino IDE 基础上二次开发的中文图形化编程软件。采用积木化的设计，降低了编程难度。

进入 www.xckrobot.com 网站下载 USB 驱动程序。下载完成后并安装程序，如图 B-1 所示。

图 B-1　从网站上下载 USB 驱动程序

取出 USB 数据线，一头接到计算机上，另一头接到机器人的主控板上，然后进入"我的电脑"的"设备管理器"，如图 B-2 所示。

图 B-2　查看资源管理器

查看"端口（COM 和 LPT）"，记住 USB 驱动对应的 COM 号（如 COM14），如图 B-3 所示。

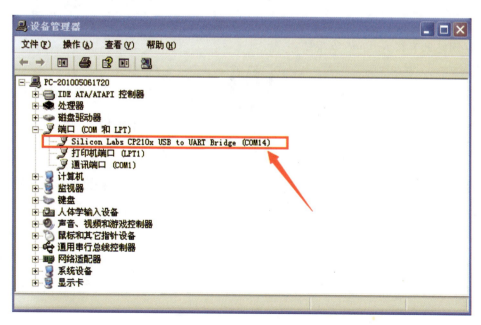

图 B-3　查看机器人主控板在计算机上对应的端口号

到小创客机器人网站下载 Arduino 编程软件（见图 B-4），保存到计算机中。

图 B-4　从网站上下载 Arduino 编程软件

解压后，运行执行文件 arduino ，进入编程软件 Arduino IDE，配置端口号，选择菜单"工具"→"端口"命令，再选择机器人 USB 在计算机"设备管理器"对应的端口号，如 COM14，如图 B-5 所示。

运行 Arduino IDE 后，选择"工具"→ArduBlock 菜单命令便可以启动，如图 B-6 所示。

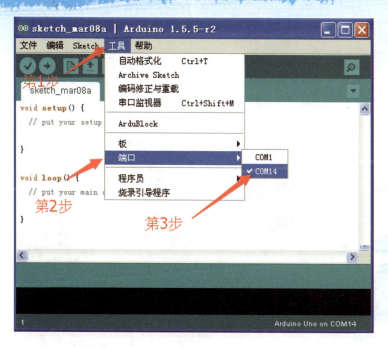

图 B-5　配置端口号

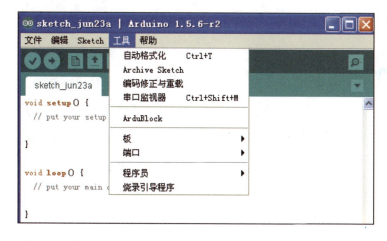

图 B-6　启动 ArduBlock

　　启动 ArduBlock 之后，就会发现它的界面（见图 B-7）主要分为三大部分：工具区（上）、积木区（左）、编程区（右）。其中，工具区主要包括保存、打开、下载等功能；积木区主要是用到的一些积木命令；编程区则是通过搭建积木编写程序的区域。下面分别介绍这 3 个区域。

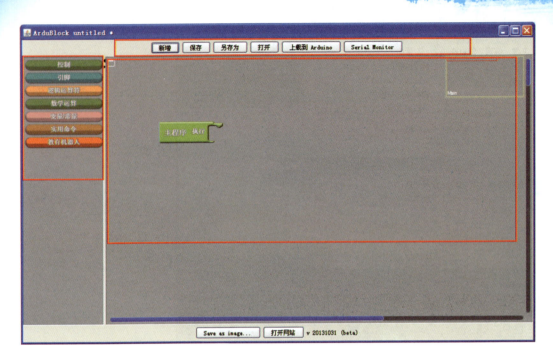

图 B-7　ArduBlock 界面

Ⅰ.工具区

工具区包括"新增"、"保存"、"另存为"、"打开"、"上载到 Arduino"、Serial Monitor，"新增"就是新建，"保存"、"另存为"、"打开"也都是其他软件的常用工具，这里就不做介绍了。单击"上载到 Arduino"按钮，Arduino IDE 将生成代码，并自动上载到 Arduino 板卡。需要注意的是，在上载 Arduino 之前，要查看一下端口号和板卡型号是否正确。在单击"上载到 Arduino"按钮之后，可以打开 Arduino IDE 查看程序是否上载成功。Serial Monitor 则是打开串口监视器，串口监视器只有在计算机中有 Arduino端口时才能打开。

2.积木区

积木区的积木共分为七大部分：控制、引脚、逻辑运算符、数学运算、变量/常量、实用命令、教育机器人。

（1）控制

控制中的各个模块都是一些最基本的编程语句，只要接触过编程的人都会很容易理解这里面各个模块的含义。控制中各模块释义如表B-1所示。

表 B-1　控制中各模块释义

模　块	释　义
主程序　执行	程序中只允许有一个主程序，主程序能够调用子程序，但不能被子程序调用
程序　设定　循环	这里的程序也是主程序，但不同于上一个模块的是，这里的"设定"和"循环"分别表示 IDE 中的 setup 和 loop 两个函数
如果　条件满足　执行	选择结构，如果条件满足……，执行……
如果/否则　条件满足　执行　否则执行	选择结构，如果条件满足……，执行……；否则执行……
当　条件满足　执行	循环结构，当条件满足……，执行……，直到条件不满足时跳出循环
重复　变量　次数　执行	循环结构，可设定循环的次数，然后执行……
退出循环	强制退出循环
子程序　执行	编写子程序
子程序	调用子程序

（2）引脚

引脚中的各个模块是针对 Arduino 板的引脚（也称针脚）所设计的，主要是数字针脚和模拟针脚，也包括一些常见的使用，如舵机、超声波等。引脚中各模块释义如表 B-2 所示。

表 B-2 引脚中各模块释义

模　　块	释　　义
数字针脚 #	读取数字针脚值（取值为 0 或 1）
模拟针脚 #	读取模拟针脚值（取值在 0 ~ 1023 之间）
设定针脚数字值 #	设定一般数字针脚的值（0 或 1）
设定针脚模拟值 #	设定支持 PWM 的数字针脚的值（0 ~ 255），以 UNO 为例，支持 PWM 的数字针脚有 3、5、6、9、10、11
伺服 针脚# 角度	设定舵机（又称伺服电机）的针脚和角度，Arduino 中能够连接舵机的针脚只有 9 和 10
360度舵机 针脚# 角度	专门针对 360° 的舵机，设定其针脚和角度
超声波 trigger # echo #	设定超声波传感器的 trigger 和 echo 的针脚。trigger 为发射端，echo 为接收端
Dht11温度 针脚# / Dht11湿度 针脚#	读取 Dht11 温度和湿度的值
音 针脚# 频率	设定蜂鸣器的针脚和频率
音 针脚# 频率 毫秒	设定蜂鸣器的针脚、频率和持续时间
无音 针脚#	设定蜂鸣器为无声

（3）逻辑运算符

逻辑运算符主要包括常见的"且""或""非"，还包括比较运算符，如数字值、模拟值和字符的各种比较。逻辑运算符中各模块释义如表 B-3 所示。

表 B-3 逻辑运算符中各模块释义

模　块	释　义
大于 < == 大于等于 ≤ !=	模拟值和实数的比较，比较的两个值为模拟类型或实数类型，包括大于、小于、等于、大于等于、小于等于、不等于
== !=	数字值的比较，比较的两个值为数字类型，包括等于、不等于
== !=	字符的比较，比较的两个值为字符类型，包括等于、不等于
且	逻辑运算符，也称"与"，上下两个语句都为真时整体（复合语句）为真；否则为假
或者	逻辑运算符，上下两个语句都为假时整体为假；否则为真
非	逻辑运算符，表示对后面语句的否定
字符串相等	比较字符串是否相等，比较的两个值为字符串类型
字符串为空	判断字符串是否为空

（4）数学运算

数学运算主要是 Arduino 中常用的基本运算，包括四则运算、三角函数、函数映射等。数学运算中各模块释义如表 B-4 所示。

表 B-4　数学运算中各模块释义

模　块	释　义
	四则运算，包括加、减、乘、除，要求符号两边为模拟值
取模运算（取余）	取模运算，又称取余或求余，要求符号两边为模拟值
绝对值	求绝对值
乘幂　底数　指数	乘幂运算，又称乘方运算
平方根	求平方根
sin　cos　tan	三角函数，包括正弦、余弦、正切
随机数　最小值　最大值	求随机数，随机数的范围在"最小值"和"最大值"之间
映射　数值　从　到	映射，将一个数值（变量或常量）从一个范围映射到另一个范围

（5）变量/常量

变量/常量主要包括数字变量、模拟变量、字符变量、字符串变量及其对应的各种常量。变量/常量中各模块释义如表 B-5 所示。

小创客机器人教程（第一册）

表 B-5 变量 / 常量中各模块释义

模　　块	释　　义
1	模拟常量
给模拟量赋值 变量 数值	给模拟变量赋值
模拟变量名	设定模拟变量（名），如果没有赋值，默认值为 0
设置数字变量 变量 数值	给数字变量赋值
数字变量名	设定数字变量（名），如果没有赋值，默认值为 false（0）
低（数字） 高（数字）	数字常量，高、低电平值
真 假	数字常量，真、假值
实数变量名	设定实数变量（名），如果没有赋值，默认值为 0.0
设置实数变量 变量 数值	给实数变量赋值
3.1415927	实数常量，圆周率
设置char变量 变量 char	给字符变量赋值
A	设定字符变量（名）
字符串变量名	设定字符串变量（名）
字符串	字符串常量

（6）实用命令

实用命令是常用到的一些命令，包括延迟、串口监视器的操作、红外遥控的操作等。实用命令中各模块释义如表B-6所示。

表 B-6　实用命令中各模块释义

模　　块	释　　义
延迟　毫秒 微秒延迟　微秒	延迟函数，单位是毫秒或微秒
上电运行时间	记录 Arduino 上电后到当前为止运行的时间
读取串口	读取串口的值（整型）
读取串口	读取串口的值（字符型）
串口打印加回车	通过串口打印并换行
和模拟量结合	将字符串和模拟量结合，即将模拟量转换为字符串形式
和数字量结合	将字符串和数字量结合，即将数字量转换为字符串形式
设置红外遥控接收端口	设定红外接收头的针脚
获取红外遥控指令	获取红外遥控的指令
读取I2C　设备地址　寄存器地址	读取 I2C，需要设备地址和寄存器地址
读取I2C是否正确	判断是否正确读取 I2C

（7）教育机器人

"教育机器人"是为课程套件定制的一些拓展模块，包括 DFRobot 的 Bluno 显示屏的操作和 RoMeo 控制的电机操作，如果没有使用这种板卡，可以忽略。教育机器人中各模块释义如表B-7所示。

表 B-7　教育机器人中各模块释义

模　块	释　义
Bluno打印	在 Bluno 显示屏上打印字符串
Bluno打印	在 Bluno 显示屏上打印数字
清除屏幕	清除屏幕
电机运行 M1 M2	设定电机运行速度和方向，取值范围：−255~255
设置电机 M# Speed	设定某一个电机的运行速度和方向，上面为电机编号（1 或 2），下面为速度和方向，取值范围：−255~255
停止电机	停止所有运行的电机

3. 编程区

　　编程区是程序编写的舞台，可以通过拖动右边和下边的滚动条来查看编程区。启动 ArduBlock 后，编程区会默认地放入一个主程序模块，因为主程序有且只能有一个，所以不能再继续往里面添加主程序模块了，如果再拖进去主程序模块，下载程序时会提示"循环块重复"。另外，除子程序执行模块外，所有积木模块都必须放在主程序内部。当搭建积木编写程序时，要注意把具有相同缺口的积木模块搭在一起，成功时会发出"咔"的一声。还可以对积木模块进行克隆或添加注释语句，只要选中该模块，右击就可以实现对该模块的"克隆"和"添加评论"操作；其中子程序执行模块还有另一个功能，就是创建引用，即单击之后会自动弹出调用该子程序的模块。

　　要删除某些积木，只要选择不需要的积木块，拖拽到积木区即可。

电子积木图片和名称

电子积木图片	名　称
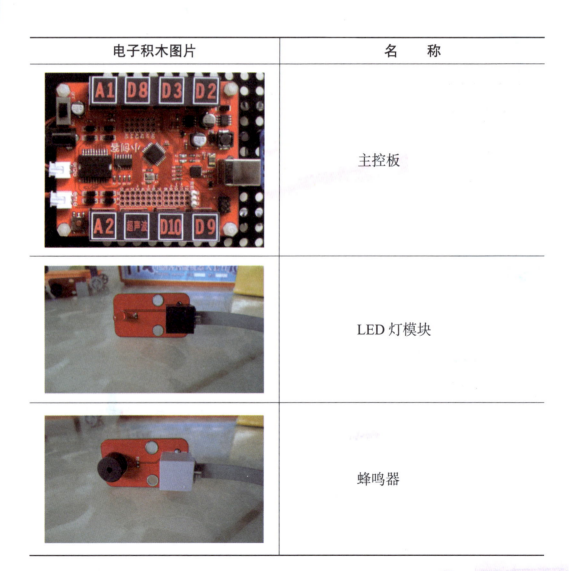	主控板
	LED 灯模块
	蜂鸣器

续表

电子积木图片	名　　称
	声音传感器
	触碰传感器
	超声波传感器
	寻线传感器

塑料积木图片和名称

塑料积木图片	名　　称
	拆件器
	两格魔术销
	两格销
	三格销
	轮毂

塑料积木图片	名　　称
	轮胎
	蓝外壳
	数据线
	通信线
	大导轮

塑料积木图片	名　　称
	小导轮
	十二齿齿轮
	二十齿齿轮
	两格直连接件
	三通连接件
	四通连接件

续表

塑料积木图片	名　　称
	直角连接件
	九格扩展梁
	九格梁
	六乘三梁
	七格梁

塑料积木图片	名　称
	十一格梁
	双角度梁
	四乘一直角梁
	五乘二直角梁

续表

塑料积木图片	名　　称
	五格梁
	一号轴套
	二号轴套
	三号轴套
	四号轴套

塑料积木图片	名　　称
	四号 L 形轴套
	五号轴套
	两格轴
	三格轴
	五格轴
	车轮轴
	软轴
	T 字轴

参 考 文 献

[1] 谢作如 . S4A 和互动媒体技术 [M]. 北京：清华大学出版社 , 2014.

[2] 郑剑春 . 机器人结构与程序设计 [M]. 北京：清华大学出版社 , 2010.

[3] Massimo Banzi. 爱上 Arduino[M]. 2 版 . 于欣龙，郭浩赟 , 译 . 北京：人民邮电出版社 , 2012.

[4] Gordon McComb. Arduino 机器人制作指南 [M]. 唐乐 , 译 . 北京：科学出版社 , 2014.